Natürlich einmachen mit Stevia

Mit Informationen für Diabetiker

FONA

Verantwortlich für das Lektorat: Léonie Haefeli-Schmid
Gestaltung Umschlag: Dora Eichenberger-Hirter, Birrwil
Gestaltung Inhalt: Monika Baumgartner, Zürich
Foodbilder: Andreas Thumm, Freiburg i. Breisgau
Übrige Bilder: Dr. Klaus Ammann, Bern; Pro Stevia Schweiz, Bern
Lithos: Repro Schicker AG, Baar
Herstellung: Druckerei Uhl, Radolfzell

ISBN 3-03780-247-2

Inhalt

Vorwort

Das Süßkraut Stevia rebaudiana lernte ich vor ein paar Jahren kennen. Ich war von diesem Kraut so fasziniert, dass ich dessen Koch- und Backtauglichkeit unbedingt in der Praxis kennenlernen wollte. Im Jahre 2004 erschien im Fona Verlag «Stevia, süßen mit dem Wunderkraut». Ich freue mich, dass dieses Buch so großen Anklang findet und dass ich so viele erfreuliche Rückmeldungen bekomme.

Häufig wurde ich in der Vergangenheit von Diabetikern oder von Eltern hyperaktiver Kinder angefragt, ob es nicht auch möglich sei, mit Stevia einzumachen. Diese Anfragen haben mich motiviert, erneut in die Testküche zu gehen. So musste in der Praxis geklärt werden, ob das Eingemachte uneingeschränkt haltbar, ob der Lakritzgeschmack nicht zu dominant sei usw. Ich freue mich, dass die Tests durchwegs positiv ausgefallen sind. Der Geschmack ist vorzüglich. Man muss wissen, dass Stevia nicht geschmacksneutral ist und das Einmachgut deshalb auch nach Stevia schmeckt. Man gewöhnt sich aber daran. Wir vergessen immer wieder, dass nur weißer Zucker neutral ist. Auch Honig, Birnel/Birnendicksaft, brauner Zucker und künstliche Süßstoffe haben einen mehr oder weniger starken Eigengeschmack.

Besonders freue ich mich, dass das Süßkraut auch Menschen mit einer «Zuckerunverträglichkeit» die Möglichkeit gibt, im Winter ein Glas liebevoll eingemachter Birnen zu genießen.

Ich wünsche allen viel Spaß und Freude beim Einmachen und später beim Genießen oder beim Verschenken.

Brigitte Speck

Stevia

Das Honigblatt aus Paraguay

Wer einmal ein Stevia-Blatt gekostet hat, wird seinen Geschmack nicht mehr vergessen: Ob frisch oder getrocknet, schon ein kleines Stück Blatt offenbart die ganze Süße der Pflanze, die an Lakritze erinnert und deren Aroma lange auf der Zunge und im Gaumen verweilt. Die Menschen in Paraguay, Brasilien und Argentinien nutzen Stevia seit Jahrhunderten als Heilpflanze und zum Süßen von Mate-Tee.

Die Europäer kamen erst spät in Kontakt mit Stevia. 1899 beschrieb der Schweizer Wissenschaftler Moisés Bertoni erstmals die Stevia rebaudiana.

Einen Siegeszug hat Stevia in Asien angetreten. 80% der weltweiten Anbauflächen liegen in China. Vor allem in Japan und Korea ist Stevia ein etabliertes Süßungsmittel, das auf Kosten der künstlichen Süßstoffe einen hohen Marktanteil erlangt hat. Von Limonaden über Kaugummi und Sojasauce, von Glaces/Eiscreme bis Gebäck oder auch Zahnpasten wird eine Vielzahl von Produkten mit Stevia gesüßt.

STEVIA REBAUDIANA

Bei Stevia rebaudiana handelt es sich um einen kleinen, blattreichen Strauch von bis zu 100 cm Höhe. Stevia rebaudiana gehört zur Familie der Asteraceae und ist ein Korbblütler. Die Gattung der Korbblütler ist in Südamerika mit vielen Arten vertreten. Doch nur Stevia rebaudiana enthält Steviosid, ein Molekül, das bis zu 300 Mal süßer ist als Zucker.

GESUNDHEIT

Süß ohne Kalorien

Schon der Botaniker Moisés Bertoni hat erkannt: «Eine neue Pflanze, von mir entdeckt, als Süßmittel fast so kraftvoll wie Saccharin, aber ohne dessen Nachteile und ohne jegliche Nebenwirkungen».

Stevia hat verschiedene gesundheitliche Vorteile:

- Die Süße der Pflanze ist praktisch kalorienfrei: 0,21 Kcal pro Gramm Steviosid
- Stevia beeinträchtigt den Blutzuckerspiegel nicht
- Stevia verursacht keine Karies

Stevia ist bei vielen Ernährungstherapien hilfreich, beispielsweise bei:

- Diabetes Typ 1 und Typ 2 oder Diabetes-Prophylaxe (Typ 2)
- Übergewicht oder Übergewicht-Prophylaxe
- ADS-Kindern, die nachweislich weniger zappelig und weniger aggressiv sind, wenn Zucker durch Stevia ersetzt wird
- Candida-Pilzbefall

ZULASSUNG

Millionen von Menschen konsumieren seit Jahrzehnten täglich Stevia – Nebenwirkungen sind bisher keine bekannt. Weltweit wurden zu Stevia über 200 Toxizitätsstudien durchgeführt, die ihre gesundheitliche Sicherheit belegen. Zudem legte 2004 die Weltgesundheitsorganisation WHO einen vorläufigen ADI-Wert fest und bestätigte so die gesundheitliche Unbedenklichkeit. Trotz alldem schränken staatliche Vorschriften die Anwendung von Stevia in vielen Ländern ein. Als Pflanze, die nicht im europäischen Kulturraum heimisch sei, benötige Stevia umfassende Studien, um überhaupt im Nahrungsmittelbereich zugelassen zu werden. In Europa setzen sich das Stevia-Forschungszentrum Leuven, Belgien, die Universität Hohenheim, Deutschland, sowie pro Stevia Vereine für die Zulassung ein.

ERHÄLTLICHKEIT

Stevia wächst überall

Trotz ablehnender Haltung der EU ist Stevia in vielfältiger Form erhältlich: als Konzentrat in flüssiger Form oder in Pulverform oder getrocknete, ganze Blätter, geschnitten oder pulverisiert. Stevia ist in der Schweiz in Apotheken und Drogerien und über das Internet, in Deutschland und Österreich via Internet erhältlich.

Pflanzen können in einigen Gärtnereien und Blumenläden gekauft oder bestellt werden.

Nördlich der Alpen ist die Kultur in Töpfen dankbarer als die Auspflanzung ins Freie. Stevia gedeiht auf humus- und nährstoffreichem Boden am besten, dabei benötigt sie eine genügend hohe Bodenfeuchtigkeit. Die Pflanze muss in frostfreier, aber kühler Umgebung überwintert werden.

DOSIERUNG

Zum Einmachen eignet sich Steviosid-Pulver am besten. Steviosid ist bis zu 300 Mal süßer als Zucker. In den nachfolgenden Rezepten wurde für Konfitüre pro kg Früchte 2–4 g Steviosid-Pulver verwendet. Es ist auch möglich, Konfitüren mit pulverisierten getrockneten Steviablättern zu machen, der Geschmack der Pflanze verändert aber den Fruchtgeschmack leicht und zudem wird z. B. eine Aprikosenkonfitüre leicht grünlich.

Heiß einfüllen

Zum heiß Einfüllen werden die Lebensmittel gekocht und sprudelnd in vorgewärmte Gläser eingefüllt. Diese Einmachmethode eignet sich zum Haltbarmachen von Kompott, Konfitüren, Marmeladen, Gelee, Sirup und Chutney, und zwar für Obst und Beeren, Tomaten und Kürbis, nicht aber für Gemüse.

Heiß Einfüllen hat viele Vorteile. Es lohnt sich schon, eine kleine Fruchtmenge haltbar zu machen, sogar ein einzelnes Glas. Mit dieser Konservierungsmethode kann die Garzeit sehr kurz gehalten werden, da das Garstadium jederzeit kontrolliert werden kann. Dank kurzer Garzeit bleibt das Aroma optimal erhalten, das Einmachgut verfärbt sich kaum, zudem können wichtige Inhaltsstoffe geschont werden.

Zur Haltbarkeit tragen hauptsächlich das durch das «kochend Einfüllen» und anschließende Abkühlen entstehende Vakuum bei, welches die sauerstoffabhängigen Bakterien zerstört. Genau so wichtig ist natürlich, dass saubere, ausgekochte Gläser und Flaschen verwendet werden.

Die wichtigsten Regeln zum Erfolg

- Es ist wichtig, dass in einer absolut sauberen Umgebung gearbeitet wird.

- Nur mit sauberen Händen arbeiten.

- Gläser, Flaschen, Gummiringe, Deckel, Trichter, Löffel und Schöpfkellen müssen vor dem Gebrauch ausgekocht werden. Dazu eine hohe Pfanne mit Wasser füllen, Wasser aufkochen, Gläser usw. zugeben, kurz darin kochen. Die ausgekochten Gläser und Flaschen mit der Öffnung nach unten auf ein sauberes Tuch stellen.

- Nur absolut frische Produkte verwenden, vor dem Gebrauch gründlich waschen.

- Beim «heiß Einfüllen» von Kompott oder ganzen Früchten den Kochtopf so wählen, dass die Früchte mit der Flüssigkeit bedeckt werden. Pro Arbeitsgang nicht zu große Mengen kochen. Einmachgut in die heiße Flüssigkeit legen, bei schwacher Hitze vorsichtig kochen. Die Kochzeit variiert je nach Größe und Reife der Früchte. Mit einem Holzstäbchen Garprobe machen, das Stäbchen muss mühelos ins Fruchtfleisch gesteckt werden können. Sobald die Früchte gar sind, diese mit dem Schaumlöffel aus der Flüssigkeit nehmen, sofort in die heißen Gläser füllen. Flüssigkeit nochmals aufkochen, Gläser bis knapp unter den Rand füllen.
  Darauf achten, dass der Rand des Glases sauber ist. Gläser sofort verschließen (Schraubdeckel gut zudrehen).

- Beim Herstellen von Konfitüre/Marmelade müssen die Früchte in einem genügend großen Kochtopf gekocht werden. Beim «sprudelnd Kochen» bildet sich viel Schaum, der rasch aufsteigt und überkochen kann. Wenn sich viel Schaum gebildet hat, diesen mit einer Schaumkelle abschöpfen.
  Die Früchte sollen weich, aber nicht verkocht sein. Bei Beeren dauert dies 30 bis 60 Sekunden, bei Kern- und Steinobst je nach Sorte und Reifegrad 2 bis 8 Minuten. Die kochende Konfitüre bis 5 mm unter den Rand in das Glas füllen. Rand putzen, Glas sofort verschließen (Schraubdeckel gut zudrehen).

- Gläser zum Auskühlen mit einem Frottétuch zudecken.

- Lagerung: Das Eingemachte entwickelt teilweise erst nach einigen Wochen seinen vollen Geschmack, denn die Gewürze brauchen ein wenig Zeit, um sich ganz zu entfalten. Gläser beschriften. Inhalt und Datum sind Informationsquellen, die eine gute Übersicht garantieren. Bevor das Einmachgut an einen kühlen, dunklen Platz gebracht wird, unbedingt die Dichte des Verschlusses und des Gummiringes kontrollieren. Der ideale Lagerraum ist dunkel und trocken, die Temperatur sollte 0 °C nicht unter- und 15 °C nicht überschreiten.
  Als einfache Regel gilt: Den Vorrat bis zur nächsten Ernte aufbrauchen.

- Die Sirupherstellung ist in den Rezepten beschrieben. Hier noch die Möglichkeiten zum Entsaften der Früchte:

Kleine Fruchtmengen entsaften – Sieb
Ein nicht rostendes Drahtsieb oder ein fein löchriges Chromstahlsieb verwenden. Das heiße, gegarte Beeren- respektive Obstmus in das Sieb gießen, den Saft über einem Topf oder einer Schüssel abtropfen lassen und die Reste mit einem Chromstahllöffel sanft ausdrücken.

Kleine Fruchtmengen entsaften – Abtropfsack
Der im Handel erhältliche Abtropfsack besteht aus einem «vierbeinigen», flexiblen Kunststoffgestell, das auf jeden Topf/jede Pfanne und Schüssel passt, und einem Sack aus Kunststoff, der leicht gereinigt werden kann. Das heiße, gegarte Beeren- oder Obstmus in den Sack gießen, den Saft über einem Topf/einer Pfanne oder einer Schüssel abtropfen lassen.

Große Fruchtmengen entsaften – Safttuch
Nach Großmutters Art eine Gazewindel aus Baumwolle zwischen einen umgedrehten Hocker spannen und an den Stuhlbeinen mit Gummiband oder Schnur festbinden. Darauf achten, dass der Abstand zwischen Tuch und Auffangschüssel genügend groß ist. Eine große Schüssel darunter stellen. Ein Gefäß aus Chromstahl oder Porzellan verwenden, um eine Oxidation zu vermeiden. Das heiße, gegarte Beeren- respektive Obstmus in das Safttuch gießen und mehrere Stunden (½ Tag oder über Nacht) abtropfen lassen.

Große Fruchtmengen entsaften – Dampfentsafter
Wer regelmäßig viel Beeren verarbeitet, kauft besser einen Dampfentsafter. Verwendung gemäß Gebrauchsanweisung.

Süßsauer einmachen

siehe Kompott

Die Herstellung von Chutneys oder Mus entspricht der Zubereitung einer Konfitüre. Das Chutney muss vor dem Verzehr etwa 4 Wochen ruhen, damit es sein volles Aroma entfalten kann.

Sterilisieren

Beim heiß Einfüllen wird das Einmachgut gekocht, beim Sterilisieren stets roh eingefüllt. Zum Sterilisieren braucht es Gläser mit Gummiring und Klammer. Gläser mit Schraubdeckel sind ungeeignet, weil sie nicht hitzebeständig sind.

Nützliche Infos rund ums Sterilisieren mit vielen step-by-step-Bildern sind im Buch «Natürlich einmachen» von Anna Spreng und Margrit Bühler zu finden.

Kompott – Mus

Quittenpüree

1 kg Quitten, Flaum mit einem trockenen Tuch abgerieben

Dampfkochtopf

Sieb in den Dampfkochtopf legen, bis zum Sieb mit Wasser auffüllen. Ganze Quitten einfüllen. Dampfkochtopf schließen. Aufkochen. Sobald die zwei Striche am Ventil sichtbar sind, Hitze reduzieren, Quitten je nach Größe 12 bis 15 Minuten dämpfen. Dampfkochtopf von der Wärmequelle nehmen, Quitten aus dem Topf nehmen, Fliege und Stielansatz entfernen, Quittenfleisch vom Kerngehäuse schneiden, durch das Passevite/die Flotte Lotte drehen.

Normaler Kochtopf

Ganze Quitten mit 1–1½ l kaltem Wasser aufsetzen, bei schwacher Hitze kochen, bis das Kernobst weich ist. Die Quitten sind gar, wenn sie sich zwischen den Fingern zerdrücken lassen. Fliege und Stielansatz entfernen, Quittenfleisch vom Kerngehäuse schneiden, durch das Passevite/die Flotte Lotte drehen.

100 g enthalten			
Broteinheiten	0,61	**Eiweiß**	0,40 g
Brotwert	0,73	**Fett**	0,50 g
Energiewert	162,00 kJ (39,00 kcal)	**Kohlehydrate**	7,32 g

Verwendung

Für Konfitüren und Chutneys.

Quittenkompott

ca. 800 g Quittenpüree, Seite 20
½–1 TL Steviosidpulver

Das Quittenpüree mit dem Steviosidpulver unter ständigem Rühren aufkochen, bis 1 cm unter den Rand in vorgewärmte Gläser füllen, sofort verschließen. Die Gläser zum Auskühlen mit einem Frottétuch zudecken.

Verwendung
Für Müeslis und Quittencremes.

100 g enthalten			
Broteinheiten	0,61	**Eiweiß**	0,40 g
Brotwert	0,73	**Fett**	0,50 g
Energiewert	162,00 kJ (39,00 kcal)	**Kohlehydrate**	7,32 g

Zwetschgenkompott

1 kg Zwetschgen
1 l Wasser
1 Zitrone, Saft
2 Zimtstangen
1½ gestrichener TL Steviosidpulver (3 g)

1 Zwetschgen halbieren, Stein entfernen.

2 Wasser, Zitronensaft, Zimtstangen und Steviosidpulver aufkochen, Zwetschgen zugeben, knapp weich kochen, mit einem Schaumlöffel aus dem Sud nehmen und in vorgewärmte Gläser füllen.
Zimt entfernen. Fond nochmals erhitzen, Gläser bis 1 cm unter den Rand füllen, sofort verschließen.
Zum Auskühlen Gläser mit einem Frottétuch zudecken.

100 g enthalten			
Broteinheiten	0,42	**Eiweiß**	0,32 g
Brotwert	0,50	**Fett**	0,07 g
Energiewert	104,08 kJ (24,75 kcal)	**Kohlehydrate**	5,05 g

Ganze Birnen mit Stiel

1½ kg kleine Birnen, kochfeste Sorte, z. B. Williams, gute Luise usw.
1½ l Wasser
2 Zitronen, Saft
2 Limonen, abgeriebene Schale und Saft
1½ TL Steviosidpulver (3 g)

100 g enthalten			
Broteinheiten	0,55	**Eiweiß**	0,27 g
Brotwert	0,65	**Fett**	0,24 g
Energiewert	124,13 kJ (29,52 kcal)	**Kohlehydrate**	6,55 g

1 Birnen schälen, Stiel an der Frucht belassen.

2 Wasser, Zitronen- und Limonensaft, Limonenschalen und Steviosidpulver aufkochen, ganze Birnen zugeben und knapp weich kochen. Die Birnen müssen fest bleiben. Früchte in vorgewärmte Gläser füllen, Fond nochmals aufkochen, Gläser bis 1 cm unter den Rand füllen, sofort verschließen. Gläser zum Auskühlen mit einem Frottétuch zudecken.

Nektarinen in Apfelsaft

1½ kg Nektarinen
7 dl/700 ml Süßmost/Apfelsaft
7 dl/700 ml Wasser
1 gestrichener TL Steviosidpulver (2 g)

100 g enthalten			
Broteinheiten	0,53	**Eiweiß**	0,45 g
Brotwert	0,65	**Fett**	0,05 g
Energiewert	163,75 kJ (39,25 kcal)	**Kohlehydrate**	6,45 g

1 Nektarinen halbieren, je nach Größe nochmals halbieren.

2 Süßmost, Wasser und Steviosidpulver aufkochen, vorbereitete Nektarinen zugeben, knapp weich kochen. Nektarinen mit dem Schaumlöffel aus der Flüssigkeit nehmen und sofort in vorgewärmte Gläser füllen. Fond nochmals aufkochen, Gläser bis 1 cm unter den Rand füllen, sofort verschließen. Gläser zum Auskühlen mit einem Frottétuch zudecken.

Quittenkompott

1 l Wasser
1 Zitrone, Saft
1½ kg Quitten
(geschält ca. 1 kg)
1 l trockener Weißwein
1 gestrichener TL
Steviosidpulver (2 g)
2 Zimtstangen

100 g enthalten			
Broteinheiten	0,25	**Eiweiß**	0,22 g
Brotwert	0,30	**Fett**	0,18 g
Energiewert	162,40 kJ (38,84 kcal)	**Kohlehydrate**	2,95 g

1 Wasser und Zitronensaft in eine Schüssel geben.

2 Quittenflaum mit einem trockenen Tuch abreiben. Quitten schälen, vierteln und entkernen. Fruchtviertel nach Belieben in Stäbchen oder Würfelchen schneiden, sofort in das Zitronenwasser legen, damit sie sich nicht braun verfärben.

3 Weißwein, Steviosidpulver und Zimtstangen aufkochen, Quitten zugeben, bei schwacher Hitze knapp weich kochen. Quitten mit dem Schaumlöffel aus dem Fond nehmen, sofort in vorgewärmte Gläser füllen. Fond nochmals aufkochen, Gläser bis 1 cm unter den Rand füllen, sofort verschließen. Die Gläser zum Auskühlen mit einem Frottétuch zudecken.

Birnen

1 kg Birnen
4 dl/400 ml Birnen- oder Apfelsaft
6 dl/600 ml Wasser
1 Zitrone, Saft
1 gestrichener TL
Steviosidpulver (2 g)

100 g enthalten			
Broteinheiten	0,76	**Eiweiß**	0,35 g
Brotwert	0,91	**Fett**	0,20 g
Energiewert	162,40 kJ (38,64 kcal)	**Kohlehydrate**	9,10 g

1 Birnen schälen, halbieren, Stielansatz und Kerngehäuse entfernen.

2 Birnensaft, Wasser, Zitronensaft und Steviosid aufkochen. Birnen im Fond portionsweise knapp weich kochen. Birnen mit dem Schaumlöffel aus dem Fond nehmen, in die vorgewärmten Gläser füllen. Den Fond nochmals aufkochen, Gläser bis 1 cm unter den Rand füllen, sofort verschließen. Gläser zum Auskühlen mit einem Frottétuch zudecken.

Apfelmus mit Ingwer und Zimt

1,2 kg Äpfel, saure Sorte, z. B. Boskop
2 dl/200 ml Wasser
1 Stück Ingwer, 4 cm lang und 2 cm Durchmesser
2 Zimtstangen
1 gestrichener TL Steviosidpulver (2 g)

1 Äpfel ungeschält vierteln und entkernen, in kleine Stücke schneiden. Ingwer schälen und in feine Scheiben schneiden.

2 Alle Zutaten in einen Kochtopf geben, erhitzen, kochen, bis die Äpfel zerfallen sind. Die Zimtstangen entfernen. Apfelkompott pürieren.

3 Apfelkompott erhitzen, bis 1 cm unter den Rand in vorgewärmte Gläser füllen, sofort verschließen. Gläser zum Auskühlen mit einem Frottétuch zudecken.

100 g enthalten			
Broteinheiten	0,83	**Eiweiß**	0,31 g
Brotwert	1,00	**Fett**	0,36 g
Energiewert	190,18 kJ (45,57 kcal)	**Kohlehydrate**	9,99 g

Tomaten-Ketchup

1 kg Tomaten
2 mittelgroße Zwiebeln
2 Knoblauchzehen
10 g Meersalz
6 TL Tomatenmark 22%
½ dl/50 ml Rotweinessig
2 Gewürznelken
2 Wacholderbeeren
½ TL Steviosidpulver (1 g)

1 Bei den Tomaten den Stielansatz kreisförmig herausschneiden, Tomaten zerkleinern. Zwiebeln und Knoblauchzehen schälen und grob hacken.

2 Alle Zutaten in einen Kochtopf geben, aufkochen, bei schwacher Hitze etwa 90 Minuten kochen. Gewürznelken und Wacholderbeeren entfernen. Tomatenmus durch das Passevite/die Flotte Lotte drehen oder pürieren, durch ein feines Sieb streichen.

3 Ketchup nochmals aufkochen, bis 1 cm unter den Rand in vorgewärmte Gläser/Flaschen füllen, sofort verschließen. Die Gläser zum Auskühlen mit einem Frottétuch zudecken.

100 g enthalten			
Broteinheiten	0,29	**Eiweiß**	1,18 g
Brotwert	0,35	**Fett**	0,34 g
Energiewert	98,76 kJ (23,24 kcal)	**Kohlehydrate**	3,47 g

Konfitüren

Aprikosenkonfitüre

mit getrocknetem Stevia gesüßt

1 kg reife Aprikosen
3 EL pulverisierte Steviablätter (ca. 6 g)
3 EL Unigel/Pektin (30 g)
½–1 dl/50–100 ml Wasser, je nach Reife der Früchte

100 g enthalten			
Broteinheiten	0,87	**Eiweiß**	0,81 g
Brotwert	1,04	**Fett**	0,09 g
Energiewert	206,25 kJ (49,00 kcal)	**Kohlehydrate**	10,44 g

1 Die Aprikosen halbieren, Stein und Stielansatz entfernen, Fruchthälften klein schneiden.

2 Alle Zutaten unter ständigem Rühren aufkochen, kochen, bis die Aprikosen zerfallen sind.

3 Die heiße Aprikosenkonfitüre bis 1 cm unter den Rand in vorgewärmte Gläser füllen, sofort verschließen. Die Gläser zum Auskühlen mit einem Frottétuch zudecken.

Erdbeer-Rhabarber-Konfitüre

400 g reife süße Erdbeeren
400 g Rhabarber
2 EL Unigel (20 g)
1 gestrichener TL Steviosidpulver (2 g)

100 g enthalten			
Broteinheiten	0,48	**Eiweiß**	0,68 g
Brotwert	0,58	**Fett**	0,24 g
Energiewert	133,59 kJ (31,83 kcal)	**Kohlehydrate**	5,78 g

1 Erdbeeren entstielen und zerkleinern. Rhabarber schälen und in kleine Stücke schneiden.

2 Alle Zutaten unter Rühren aufkochen, Konfitüre 3 bis 5 Minuten kochen, bis der Rhabarber leicht zerfallen ist.

3 Die heiße Erdbeer-Rhabarber-Konfitüre bis 1 cm unter den Rand in vorgewärmte Gläser füllen, sofort verschließen. Gläser zum Auskühlen mit einem Frottétuch zudecken.

Tipp

Konfitüre nach Belieben mit dem Stabmixer pürieren.

Erdbeerkonfitüre

800 g reife süße Erdbeeren
4 EL Wasser
1 gestrichener TL Steviosidpulver (2 g)
4 frische Zitronenmelissenblätter
2 EL Unigel (20 g)

100 g enthalten			
Broteinheiten	0,61	Eiweiß	0,73 g
Brotwert	0,73	Fett	0,36 g
Energiewert	160,39 kJ (38,30 kcal)	Kohlehydrate	7,27 g

1 Erdbeeren entstielen und zerkleinern.

2 Alle Zutaten unter ständigem Rühren aufkochen, kochen, bis die Früchte zerfallen.

3 Die heiße Erdbeerkonfitüre bis 1 cm unter den Rand in vorgewärmte Gläser füllen, sofort verschließen. Die Gläser zum Auskühlen mit einem Frottétuch zudecken.

Tipp
Konfitüre mit dem Stabmixer pürieren.

Zwetschgenkonfitüre

1 kg Zwetschgen, Fellenberger oder Hauszwetschgen
2 dl/200 ml Wasser
1 gehäufter TL Steviosidpulver (2½ g)
½ TL Zimtpulver
1 kleines Stück Ingwer, etwa 1 cm
2½ EL Unigel (30 g)

100 g enthalten			
Broteinheiten	0,81	Eiweiß	0,49 g
Brotwert	0,97	Fett	0,09 g
Energiewert	190,47 kJ (45,30 kcal)	Kohlehydrate	9,68 g

1 Zwetschgen halbieren, Stein und Stielansatz entfernen, die Fruchthälften klein schneiden. Ingwer schälen und auf der Bircher-Rohkostreibe fein reiben.

2 Alle Zutaten unter ständigem Rühren aufkochen, kochen, bis die Früchte zerfallen sind.

3 Die heiße Zwetschgenkonfitüre bis 1 cm unter den Rand in vorgewärmte Gläser füllen, sofort verschließen. Die Gläser zum Auskühlen mit einem Frottétuch zudecken.

Rhabarber-Feigen-Konfitüre

800 g Rhabarber
200 g getrocknete Feigen, weiche Sorte
1 gestrichener TL Steviosidpulver (2 g)
½ dl/50 ml Wasser
2 EL Unigel (20 g)

1 Rhabarber schälen, Stangen in kleine Stücke schneiden. Stielansatz der Feigen abschneiden, die Früchte klein würfeln.

2 Alle Zutaten aufkochen, köcheln lassen, bis der Rhabarber leicht zerfällt. Wenn nötig Wasser zufügen.

3 Die heiße Rhabarber-Feigen-Konfitüre bis 1 cm unter den Rand in vorgewärmte Gläser füllen, sofort verschließen. Die Gläser zum Auskühlen mit einem Frottétuch zudecken.

Tipp

Konfitüre nach Belieben kurz mit dem Stabmixer pürieren.

Variante

Es können auch andere Dörrfrüchte wie süße Aprikosen verwendet werden. Getrocknete süße Aprikosen sind in der Regel weich; wenn dem nicht so ist, 3 bis 4 Stunden in Wasser einweichen. Anstelle des Wassers das Einweichwasser verwenden.

100 g enthalten			
Broteinheiten	1,15	**Eiweiß**	1,54 g
Brotwert	1,38	**Fett**	0,50 g
Energiewert	295,27 kJ (70,37 kcal)	**Kohlehydrate**	13,76 g

Aprikosenkonfitüre

1 kg reife Aprikosen
1 gehäufter TL Steviosidpulver (2½–3 g)
3 EL Unigel (30 g)
½–1 dl/50–100 ml Wasser, je nach Reifegrad der Früchte

1 Aprikosen halbieren, Stein und Stielansatz entfernen, Fruchthälften klein schneiden.

2 Alle Zutaten unter ständigem Rühren aufkochen und kochen, bis die Früchte zerfallen sind.

3 Die heiße Aprikosenkonfitüre bis 1 cm unter den Rand in vorgewärmte Gläser füllen, sofort verschließen. Die Gläser zum Auskühlen mit einem Frottétuch zudecken.

100 g enthalten			
Broteinheiten	0,87	**Eiweiß**	0,81 g
Brotwert	1,04	**Fett**	0,09 g
Energiewert	206,25 kJ (49,00 kcal)	**Kohlehydrate**	10,44 g

Mango-Karotten-Konfitüre

200 g getrocknete Mangos
500 g Karotten
¼ TL Steviosidpulver
2 dl/200 ml Orangensaft, frisch gepresst
1 unbehandelte Zitrone, abgeriebene Schale und Saft
1–2 dl/100–200 ml Einweichwasser der Mango
2 EL Unigel (20 g)
½ dl/50 ml Orangensaft

100 g enthalten			
Broteinheiten	1,37	**Eiweiß**	1,13 g
Brotwert	1,64	**Fett**	0,52 g
Energiewert	331,73 kJ (79,25 kcal)	**Kohlehydrate**	16,43 g

1 Mangos etwa 1 Stunde in Wasser einweichen. In kleine Stücke schneiden. Karotten schälen, in feine Scheiben schneiden.

2 Mangos, Karotten, Steviosidpulver, Orangen- und Zitronensaft, Zitronenschalen und Einweichwasser der Mangos in eine Pfanne geben, aufkochen, etwa 20 Minuten köcheln lassen. Geliermittel im Orangensaft auflösen, in die Pfanne geben, nochmals 5 Minuten köcheln lassen. Pürieren.

3 Heiße Mango-Karotten-Konfitüre bis 1 cm unter den Rand in vorgewärmte Gläser füllen, verschließen. Zum Auskühlen mit einem Frottétuch zudecken.

Quittenkonfitüre

600 g Quittenpüree, Seite 20
2 dl/200 ml Apfelsaft
1 dl/100 ml Quittenfond, Seite 20
½ TL Steviosidpulver (1 g)
1 Prise Bourbon-Vanille

100 g enthalten			
Broteinheiten	0,68	**Eiweiß**	0,38 g
Brotwert	0,82	**Fett**	0,45 g
Energiewert	173,67 kJ (41,56 kcal)	**Kohlehydrate**	8,17 g

1 Quittenpüree, Süßmost, Quittenfond, Steviosid und Vanille unter ständigem Rühren aufkochen, bei schwacher Hitze kochen, bis die Quittenkonfitüre zähflüssig ist.

2 Die heiße Quittenkonfitüre bis 1 cm unter den Rand in vorgewärmte Gläser füllen, sofort verschließen. Gläser zum Auskühlen mit einem Frottétuch zudecken.

Ihre Ausgangssitu

Private Situation/Planung:

Noch zu besprechen

Berufliche Situation/Planung:

Wirtschaftliche Situation/Planung:

Erdbeer-Stachelbeer-Aprikosen-Konfitüre

400 g süße reife Erdbeeren
200 g reife Stachelbeeren
4 reife Aprikosen
4 EL Wasser
1 gestrichener TL Steviosidpulver (2 g)
2 EL Unigel (20 g)

1 Erdbeeren entstielen und zerkleinern. Stachelbeeren halbieren. Aprikosen halbieren, Stein und Stielansatz entfernen, Früchte klein schneiden.

2 Alle Zutaten unter ständigem Rühren aufkochen und kochen, bis die Früchte zerfallen.

3 Die heiße Konfitüre bis 1 cm unter den Rand in vorgewärmte Gläser füllen, sofort verschließen. Die Gläser zum Auskühlen mit einem Frottétuch zudecken.

Tipp
Die Konfitüre nach Belieben kurz mit dem Stabmixer pürieren.

100 g enthalten			
Broteinheiten	0,72	**Eiweiß**	0,75 g
Brotwert	0,86	**Fett**	0,25 g
Energiewert	181,52 kJ (43,30 kcal)	**Kohlehydrate**	8,64 g

Holunderbeer-Gelee

1 kg Holunderbeerendolden
2 dl/200 ml Wasser
2 gestrichene TL Steviosidpulver (4 g)
2 EL Unigel (20 g)

1 Holunderbeerendolden 1 bis 2 Stunden in den Tiefkühler legen. Nun lassen sich die Beeren leicht und ohne dass man schwarze Finger bekommt von den Dolden streifen.

2 Holunderbeeren und Wasser aufkochen, bei schwacher Hitze 20 Minuten köcheln lassen. Topfinhalt zum Abtropfen in ein mit einem feinen Tuch (Gazetuch) ausgelegtes Sieb oder in einen Abtropfsack füllen.

3 Holunderbeersaft, Steviosidpulver und Unigel unter Rühren erhitzen, heißes Gelee bis 1 cm unter den Rand in vorgewärmte Gläser füllen, sofort verschließen. Die Gläser zum Auskühlen mit einem Frottétuch zudecken.

100 g enthalten			
Broteinheiten	0,64	**Eiweiß**	2,05 g
Brotwert	0,77	**Fett**	0,41 g
Energiewert	190,93 kJ (45,98 kcal)	**Kohlehydrate**	7,70 g

Sirup

Himbeersirup

1 kg Himbeeren
6 dl/600 ml
Süßmost/Apfelsaft
4 gestrichene TL
Steviosidpulver (8 g)

100 g enthalten			
Broteinheiten	0,28	Eiweiß	0,81 g
Brotwert	0,34	Fett	0,19 g
Energiewert	155,88 kJ (37,38 kcal)	Kohlehydrate	3,38 g

1 Himbeeren und Süßmost aufkochen, kochen, bis die Früchte zerfallen. Topfinhalt zum Abtropfen in ein mit einem feinen Tuch (Gazetuch) ausgelegtes Sieb oder in den Abtropfsack füllen.

2 Himbeersaft und Steviosid unter Rühren aufkochen, abschäumen, noch einmal aufkochen, heiß in vorgewärmte Flaschen füllen, verschließen. Die Gläser zum Auskühlen mit einem Frottétuch zudecken.

Holunderbeersirup

1 kg Holunderbeeren
2 dl/200 ml Birnensaft
oder Süßmost/Apfelsaft

Saft der Beeren
2 dl/200 ml Birnensaft
oder Süßmost/Apfelsaft
1 gestrichener TL
Steviosidpulver (2 g)

100 g enthalten			
Broteinheiten	0,73	Eiweiß	2,05 g
Brotwert	0,87	Fett	0,42 g
Energiewert	207,48 kJ (49,81 kcal)	Kohlehydrate	8,75 g

1 Die Holunderbeerendolden für 1 bis 2 Stunden in den Tiefkühler legen. Nun lassen sich die Beeren leicht und ohne dass man schwarze Finger bekommt von den Dolden streifen.

2 Holunderbeeren mit 2 dl/200 ml Birnensaft oder Süßmost/Apfelsaft aufkochen, etwa 20 Minuten köcheln lassen. Topfinhalt zum Abtropfen in ein mit einem feinen Tuch (Gazetuch) ausgelegtes Sieb oder in den Abtropfsack füllen.

3 Holunderbeersaft, 2 dl/200 ml Birnensaft oder Süßmost/Apfelsaft und Steviosidpulver erhitzen, Schaum abschöpfen, nochmals erhitzen, heiß in vorgewärmte Flaschen füllen, sofort verschließen. Die Gläser zum Auskühlen mit einem Frottétuch zudecken.

Pfefferminzsirup

1 l Wasser
100 g junge abgezupfte Pfefferminzblätter
2 unbehandelte Zitronen, abgeriebene Schale und Saft
2–3 gestrichene TL Steviosidpulver (4–6 g)

100 g enthalten			
Broteinheiten	0,10	**Eiweiß**	0,38 g
Brotwert	0,12	**Fett**	0,12 g
Energiewert	38,20 kJ (9,11 kcal)	**Kohlehydrate**	1,23 g

1 Zitronenschalen dünn abreiben, Saft auspressen.

2 Wasser, Pfefferminzblätter, Zitronensaft und Zitronenschalen aufkochen. In eine große Schüssel füllen, 24 Stunden zugedeckt ziehen lassen.

3 Pfefferminzsud mit Steviosidpulver erhitzen, Sirup kochend heiß in vorgewärmte Flaschen füllen, sofort verschließen. Gläser zum Auskühlen mit einem Frottétuch zudecken.

Traubensirup

2½ kg abgelesene Traubenbeeren
4 Limetten oder 3 unbehandelte Zitronen, abgeriebene Schale und Saft
1,2 l Wasser
4 gestrichene TL Steviosidpulver (8 g)

100 g enthalten			
Broteinheiten	0,87	**Eiweiß**	0,48 g
Brotwert	1,04	**Fett**	0,22 g
Energiewert	202,27 kJ (48,35 kcal)	**Kohlehydrate**	10,43 g

1 Traubenbeeren, Limettensaft, dünn abgeriebene Limettenschalen und Wasser aufkochen, 30 Minuten köcheln, Pfanne von der Wärmequelle nehmen, 10 Minuten ziehen lassen. Topfinhalt zum Abtropfen in ein mit einem feinen Tuch (Gazetuch) ausgelegtes Sieb oder in den Abtropfsack füllen.

2 Saft und Steviosidpulver unter Rühren erhitzen, abschäumen, nochmals erhitzen, kochend heiß in vorgewärmte Flaschen füllen. Sofort verschließen. Gläser zum Auskühlen mit einem Frottétuch zudecken.

Süßsauer

Süßsaure Currygurken

3 große Freilandgurken
3 große Zwiebeln
½ l Weißweinessig
½ l Wasser
2 EL scharfer Curry
1 gestrichener TL Steviosidpulver (2 g)
10–20 feine Ingwerscheibchen

100 g enthalten			
Broteinheiten	0,17	**Eiweiß**	0,60 g
Brotwert	0,20	**Fett**	0,23 g
Energiewert	65,34 kJ (15,51 kcal)	**Kohlehydrate**	2,03 g

1 Gurken schälen, längs halbieren und in 2 cm breite Stücke schneiden. Zwiebeln schälen, halbieren und in feine Streifen schneiden. Ingwer schälen und in feine Scheiben schneiden.

2 Essig, Wasser, Curry, Steviosid und Ingwerscheiben aufkochen, Gurken und Zwiebeln zugeben, knackig kochen.

3 Das Gemüse mit einem Schaumlöffel aus dem Sud nehmen, kochend heiß in die vorgwämten Gläser füllen. Den Sud nochmals aufkochen, die Gläser bis 1 cm unter den Rand füllen, sofort verschließen. Zum Auskühlen mit einem Frottétuch zudecken.

Süßsaure Quitten mit Chili

1 l Wasser
1 Zitrone, Saft
1 kg Quitten
3 dl/300 ml Weißweinessig
2 TL frisch geriebene Ingwerwurzel
1 gestrichener TL Steviosidpulver (2 g)
2 kleine Chilischoten

100 g enthalten			
Broteinheiten	0,32	**Eiweiß**	0,29 g
Brotwert	0,38	**Fett**	0,30 g
Energiewert	95,26 kJ (22,89 kcal)	**Kohlehydrate**	3,82 g

1 Wasser und Zitronensaft in eine Schüssel geben. Quittenflaum mit einem trockenen Tuch abreiben. Früchte schälen, vierteln und entkernen. Fruchtviertel in Spalten schneiden, sofort in das Zitronenwasser legen, damit sich die Quitten nicht braun verfärben.

2 Essig, Ingwer, Steviosid und Chilis aufkochen, Quitten zugeben, bei schwacher Hitze knapp weich kochen. Die Früchte mit einem Schaumlöffel aus dem Sud nehmen, in die vorgewärmten Gläser füllen. Sud nochmals aufkochen, bis 1 cm unter den Rand in die Gläser füllen, sofort verschließen. Gläser zum Auskühlen mit einem Frottétuch zudecken.

Süßsaurer Kürbis mit Ingwer

1,2 kg Kürbis
(1 kg geschälter Kürbis)
4 dl/400 ml Apfelessig
2 dl/200 ml Wasser
1 TL geriebene Ingwerwurzel
1 gestrichener TL Steviosidpulver (2 g)
6 dl/600 ml Süßmost/Apfelsaft

1 Kürbis schälen und entkernen, in Würfelchen schneiden.

2 Essig, Wasser, Ingwer, Steviosid und Süßmost aufkochen, Kürbiswürfel zugeben, bei schwacher Hitze 5 bis 10 Minuten kochen, bis der Kürbis glasig ist.

3 Kürbis mit einem Schaumlöffel aus dem Sud nehmen, kochend heiß in vorgewärmte Gläser füllen. Sud nochmals aufkochen, die Gläser bis 1 cm unter den Rand füllen, sofort verschließen. Gläser zum Auskühlen mit einem Frottétuch zudecken.

Abbildung Seite 57

100 g enthalten			
Broteinheiten	0,21	**Eiweiß**	0,71 g
Brotwert	0,25	**Fett**	0,09 g
Energiewert	114,85 kJ (27,69 kcal)	**Kohlehydrate**	2,48 g

Süßsaurer Zucchetti-Peperoni-Zwiebel-Mix

2 kg Zucchetti
(ausgereifte Zucchini)
2 rote Peperoni/
Paprikaschoten
2 mittelgroße Zwiebeln
4 EL Meersalz
1 l Weißweinessig
6 dl/600 ml Wasser
(Gemüsewasser)
2 EL scharfer Curry
1 gestrichener TL
Steviosidpulver (2 g)

1 Zucchetti beidseitig kappen, schälen, je nach Größe längs halbieren oder vierteln, weiche Teile entfernen, Viertel quer in Scheiben schneiden. Peperoni vierteln, Stielansatz und Kerne entfernen, Gemüsefrüchte quer in Streifen schneiden. Zwiebeln schälen, halbieren und ebenfalls in feine Streifen schneiden.

2 Zucchetti, Peperoni sowie Zwiebeln in einer großen Schüssel mit dem Salz mischen, 1 bis 2 Stunden stehen lassen (zieht Saft). Das Gemüse in ein Sieb geben, Saft auffangen.

3 Weißweinessig, Gemüsewasser, Curry und Steviosid aufkochen, Gemüse zugeben und knackig kochen. Zucchetti mit einem Schaumlöffel aus dem Sud nehmen, kochend heiß in vorgewärmte Gläser füllen. Sud nochmals erhitzen, Gläser bis 1 cm unter den Rand füllen, sofort verschließen. Gläser zum Auskühlen mit einem Frottétuch zudecken.

Abbildung Seite 57

100 g enthalten			
Broteinheiten	0,15	**Eiweiß**	1,07 g
Brotwert	0,18	**Fett**	0,29 g
Energiewert	77,13 kJ (18,40 kcal)	**Kohlehydrate**	1,76 g

Süßsaure Auberginen

1 kg Auberginen
Salz
wenig Olivenöl extra nativ
2 Knoblauchzehen, gehackt
½ TL frisch geriebener Ingwer
1 TL Senfsamen
1 TL Kreuzkümmelsamen
1 kleiner roter Peperoncino
1 gestrichener TL Steviosidpulver (2 g)
6 dl/600 ml Weißwein
2 dl/200 ml Weißweinessig
4 dl/400 ml Wasser

1 Auberginen beidseitig kappen, in Würfel schneiden, mit ein wenig Salz bestreuen, 30 Minuten ziehen lassen (so kann man den Auberginen die Bitterstoffe entziehen), trockentupfen.

2 Kreuzkümmelsamen im Mörser zerstoßen. Peperoncino längs halbieren. Wer es scharf liebt, entkernt die Schoten nicht.

3 Die Gewürze im Olivenöl andünsten. Auberginen, Steviosid und Flüssigkeit zugeben, erhitzen, bei schwacher Hitze kochen, bis das Gemüse weich, aber nicht verkocht ist.

4 Auberginen mit der Schaumkelle aus dem Sud nehmen und in die vorgewärmten Gläser füllen. Sud nochmals aufkochen, Gläser bis 1 cm unter den Rand füllen. Gläser sofort verschließen.

5 Die Gläser erkalten lassen. Einige Tage kühl stellen, damit sich das Aroma entfalten kann.

Haltbarkeit

Die süßsauren Auberginen sind für den schnellen Verbrauch bestimmt.

100 g enthalten			
Broteinheiten	0,19	**Eiweiß**	0,75 g
Brotwert	0,22	**Fett**	0,20 g
Energiewert	135,92 kJ (32,31 kcal)	**Kohlehydrate**	2,22 g

Süßsaure rote und gelbe Peperoni

1 kg rote und gelbe Peperoni/Paprikaschoten
3 dl/300 ml Weißwein
2½ dl/250 ml Weißweinessig
1 EL Meersalz
½ TL Steviosidpulver (1 g)
½ EL schwarze Pfefferkörner
½ EL gelbe Senfkörner
2 kleine scharfe rote Chilischoten
½ TL abgezupfte Thymianblättchen

1 Peperoni halbieren, Stielansatz und Kerne entfernen, weiße Rippen herausschneiden, Schotenhälften nochmals halbieren, quer in 1 cm breite Streifen schneiden.

2 Alle Zutaten in einen Topf geben und aufkochen, Peperoni bei schwacher Hitze knackig garen. Mit einem Schaumlöffel aus dem Sud nehmen, kochend heiß in die vorgewärmten Gläser füllen. Sud nochmals aufkochen, bis 1 cm unter den Rand in die Gläser füllen, sofort verschließen. Gläser zum Auskühlen mit einem Frottétuch zudecken.

Tipp
Die Peperoni passen gut zu Raclette oder zu einem süßsauren Reis- oder Pastagericht.

100 g enthalten			
Broteinheiten	0,40	**Eiweiß**	1,29 g
Brotwert	0,48	**Fett**	0,57 g
Energiewert	190,56 kJ (45,50 kcal)	**Kohlehydrate**	4,79 g

Süßsaure Trauben

1 kg Trauben ohne Kerne
½ l Wasser
½ l Weißweinessig
½ TL Steviosidpulver (1 g)
4 Gewürznelken
1 TL Korianderkörner
1 TL schwarze Pfefferkörner

100 g enthalten			
Broteinheiten	0,69	Eiweiß	0,53 g
Brotwert	0,83	Fett	0,28 g
Energiewert	179,82 kJ (43,01 kcal)	Kohlehydrate	8,28 g

Wasser, Essig, Steviosid, Nelken, Koriander und Pfefferkörner aufkochen, Hitze reduzieren, Trauben portionsweise zugeben und bei schwacher Hitze etwa 6 Minuten köcheln lassen. Die Früchte mit dem Schaumlöffel aus dem Sud nehmen, in vorgewärmte Gläser füllen. Fond noch einmal aufkochen, bis 1 cm unter den Rand in die Gläser füllen, sofort verschließen. Gläser zum Auskühlen mit einem Frottétuch zudecken.

Süßsaure Zwetschgen

in Rotwein

1 kg Zwetschgen
4 dl/400 ml Rotwein
3 dl/300 ml Rotweinessig
3 dl/300 ml Süßmost/Apfelsaft
2 gestrichene TL Steviosidpulver (4 g)
2 Zimtstangen
1 TL Kardamompulver
1 TL Koriandersamen

100 g enthalten			
Broteinheiten	0,46	Eiweiß	0,47 g
Brotwert	0,55	Fett	0,12 g
Energiewert	194,19 kJ (46,29 kcal)	Kohlehydrate	5,50 g

1 Die Zwetschgen halbieren, Stein und Stielansatz entfernen.

2 Alle Zutaten, ohne Zwetschgen, aufkochen, 3 Minuten köcheln. Zwetschgen zugeben, knapp weich kochen, mit dem Schaumlöffel aus dem Fond nehmen, kochend heiß in vorgewärmte Gläser füllen. Zimtstangen entfernen. Den Fond nochmals erhitzen, bis 1 cm unter den Rand in die Gläser füllen, sofort verschließen. Gläser zum Auskühlen mit einem Frottétuch zudecken.

Chutney

Quitten-Chutney

700 g Quittenpüree, Seite 20
120 g Zwiebeln, fein gehackt
½ TL frisch geriebene Ingwerwurzel
1 Msp scharfes Paprikapulver
1 gestrichener TL Steviosidpulver (2 g)
1 Prise Meersalz
3 dl/300 ml Orangensaft, frisch gepresst
1 dl/100 ml Quittenfond, Seite 20, oder Wasser

1 Alle Zutaten in einen Topf geben, aufkochen, unter ständigem Rühren bei schwacher Hitze 20 Minuten kochen, bis das Chutney dickflüssig ist.

2 Das heiße Quitten-Chutney bis 1 cm unter den Rand in die Gläser füllen, sofort verschließen. Gläser zum Auskühlen mit einem Frottétuch zudecken.

Verwendung
Passt vorzüglich zu Fisch und Reis.

100 g enthalten			
Broteinheiten	0,57	**Eiweiß**	0,58 g
Brotwert	0,68	**Fett**	0,35 g
Energiewert	150,81 kJ (36,22 kcal)	**Kohlehydrate**	6,85 g

Rhabarber-Chutney

1 kg Rhabarber
300 g Zwiebeln
120 g Sultaninen
⅓ TL Steviosidpulver
4 dl/400 ml Weißweinessig
1 roter Peperoncino oder ½ TL Chilipulver
1 TL Zimtpulver
1 TL Korianderkörner
9 Kardamomkapseln
1 TL Meersalz

1 Rhabarber schälen, die Stängel in kleine Stücke schneiden. Zwiebeln schälen und grob hacken. Peperoncino in feine Ringe schneiden. Korianderkörner im Mörser zerstoßen.

2 Alle Zutaten in einen Topf geben, aufkochen, das Chutney unter häufigem Rühren bei schwacher Hitze 30 Minuten kochen. Kardamom entfernen. Das Chutney grob pürieren.

3 Das heiße Rhabarber-Chutney bis 1 cm unter den Rand in vorgewärmte Gläser füllen, sofort verschließen. Zum Auskühlen mit einem Frottétuch zudecken.

Verwendung
Ideal zu Fisch, Fleisch und Reis.

100 g enthalten			
Broteinheiten	0,58	**Eiweiß**	0,98 g
Brotwert	0,70	**Fett**	0,31 g
Energiewert	174,29 kJ (41,61 kcal)	**Kohlehydrate**	7,00 g

Zucchini-Chutney

1 kg Zucchini
200 g Zwiebeln
4 EL Rosinen
1 gestrichener TL Steviosidpulver (2 g)
1 gestrichener TL Meersalz
½ TL fein geriebene Ingwerwurzel
1 scharfer roter Peperoncino
1 unbehandelte Orange, Schale und Saft
1 unbehandelte Zitrone, Schale und Saft
1 dl/100 ml Wasser

1 Zucchini beidseitig kappen, mit der Schale in kleine Würfel schneiden. Schale der Orange und Zitrone mit einem Zestermesser abreißen oder mit dem Sparschäler möglichst dünn abziehen und in Streifchen schneiden.

2 Alle Zutaten in einen Topf geben und unter ständigem Rühren langsam aufkochen, etwa 30 Minuten köcheln lassen. Wenn die Flüssigkeit ganz eingekocht ist, etwas Wasser nachgießen.

3 Das heiße Zucchini-Chutney bis 1 cm unter den Rand in vorgewärmte Gläser füllen, sofort verschließen. Gläser einige Tage kühl stellen, damit sich die Aromen entfalten können.

Haltbarkeit

Dieses Chutney ist für den raschen Verbrauch bestimmt.

Verwendung

Ideal zu Fleischfondue, Fisch, Reis und Raclette.

100 g enthalten			
Broteinheiten	0,52	**Eiweiß**	1,32 g
Brotwert	0,63	**Fett**	0,32 g
Energiewert	151,18 kJ (36,05 kcal)	**Kohlehydrate**	6,28 g

Zwiebel-Chutney

500 g Zwiebeln
1 dl/100 ml Rotweinessig
½ TL edelsüßes Paprikapulver
1 EL Meersalz
¼ TL Steviosidpulver

1 Zwiebeln schälen, in feine Ringe schneiden.

2 Alle Zutaten in einen Topf geben, aufkochen, unter gelegentlichem Rühren bei schwacher Hitze 30 Minuten köcheln lassen, bis die Zwiebeln weich sind. Falls die Flüssigkeit ganz eingekocht ist, etwas Wasser nachgießen.

3 Das heiße Zwiebel-Chutney bis 1 cm unter den Rand in vorgewärmte Gläser füllen, sofort verschließen. Einige Tage kühl stellen, damit sich die Aromen entfalten können.

Haltbarkeit

Dieses Chutney ist für den raschen Verbrauch bestimmt.

Verwendung

Ideal zu Fisch, kurz gebratenem oder kaltem Fleisch, Reis oder zum Aperitif.

100 g enthalten			
Broteinheiten	0,35	**Eiweiß**	1,14 g
Brotwert	0,42	**Fett**	0,26 g
Energiewert	112,90 kJ (27,03 kcal)	**Kohlehydrate**	4,21 g

Jogurt

Mokka-Jogurt

1 l uperisierte Bio-Milch (Vollmilch oder teilentrahmte Milch)
1 EL Instant-Kaffeepulver
2 EL Inulin/Steviosid-Mischung, Seite 74
2 EL Bio-Vollmilchjogurt

Milch auf 45 °C erwärmen. Temperatur mit dem Finger (Körperwärme) oder mit einem Thermometer kontrollieren. Instant-Kaffeepulver und Inulin/Steviosid mit dem Schneebesen unterrühren, Jogurt unterrühren. In 6 kleine Gläser füllen.

Variante 1
Offene Gläser auf ein Blech stellen, bei 40 °C in den Backofen schieben, über Nacht bei 40 °C stehen lassen. Gläser am nächsten Tag verschließen, dann kühl stellen.

Variante 2
Die Milchmasse nicht in Gläser, sondern in eine Thermoskanne mit großer Öffnung füllen, 10 bis 12 Stunden stehen lassen. Anschließend für ein paar Stunden in den Kühlschrank stellen, danach in saubere Portionengläser füllen.

Variante 3
Einen Jogurtbereiter (nach Gebrauchsanweisung) verwenden.

Wichtig
Bis der Jogurt fest ist, dürfen die Gläser nicht bewegt werden!

100 g enthalten			
Broteinheiten	0,55	**Eiweiß**	2,88 g
Brotwert	0,66	**Fett**	2,90 g
Energiewert	315,62 kJ (75,50 kcal)	**Kohlehydrate**	6,62 g

Vanille-Jogurt

100 g enthalten			
Broteinheiten	0,59	**Eiweiß**	2,91 g
Brotwert	0,71	**Fett**	2,92 g
Energiewert	326,07 kJ (77,97 kcal)	**Kohlehydrate**	7,13 g

Herstellung wie Mokka-Jogurt; Kaffeepulver durch 1 TL Bourbon-Vanillepulver ersetzen.

Schokolade-Jogurt

100 g enthalten			
Broteinheiten	0,57	**Eiweiß**	3,39 g
Brotwert	0,68	**Fett**	3,53 g
Energiewert	350,60 kJ (83,84 kcal)	**Kohlehydrate**	6,82 g

Herstellung wie Mokka-Jogurt; Kaffeepulver durch 2 EL Kakaopulver ersetzen.

Inulin/Steviosidmischung

100 g Inulin
4 g Steviosidpulver

Inulin und Steviosidpulver vermischen. Diese Mischung erleichtert das Dosieren des Steviosidpulvers.

Inulin ist ein Polysaccharid (Vielfachzucker), der in vielen Pflanzen als Reservestoff eingelagert wird, so in Topinambur, Zichorien, Dahlie, Artischocke und Löwenzahn. Inulin ist bei Zuckerkrankheit ein Glucose-Ersatz. Inulin wird im Dünndarm nicht resorbiert. Inulin ist leicht süß und hat praktisch keine Kalorien (1 kcal/g). Es wirkt prebiotisch, das heißt es unterstützt die gute Darmflora und verdrängt schlechte Bakterien.

Register

Bezugsliste für Steviapflanzen

Biogärtnerei Rohrer
Groffeldstrasse 9
9470 Buchs
Tel. 081 756 15 21

Gärtnerei Tognethof
(Markt: Aarau, Samstagmorgen)
5026 Densbüren
Tel. 062 878 19 30

Gärtnerei Jenny
Adligenswilerstrasse 113
6030 Ebikon
Tel. 041 375 60 70

Biogärtnerei Neubauer
Lenzenhausstrasse 9
8586 Erlen
Tel. 071 648 13 32

Gärtnerei zur Kappelenbrücke
3032 Hinterkappelen
Tel. 031 901 20 41

Kolonie Ringwil – Gärtnerei
Koloniestrasse 2
8340 Hinwil/Ringwil
Tel. 01 938 93 33

Biogartenbauschule Hünibach
Chartreusestrasse 7
3626 Hünibach
Tel. 033 244 10 20

Gärtnerei Birchhof
Birchhausstrasse 593
8966 Oberwil-Lieli
Tel. 056 633 99 57

Gärtnerei am Hirtenweg
Hirtenweg 30
4125 Riehen
Tel. 061 603 22 30

Gärtnerei Dietwyler
Hasel 114
5235 Rüfenach
Tel. 056 284 15 70

Gärtnerei Moll GmbH
Grabmattenstrasse 18
5608 Stetten
Tel. 056 496 24 94

Strafanstalt Saxerriet Gärtnerei
9465 Salez
Tel. 081 758 16 60

Schloss-Gärtnerei
Auf Schloss Teufen
8428 Teufen ZH
Tel. 043 444 11 60

Gärtnerei Stiftung Bächtelen
Grünaustrasse 53
3084 Wabern
Tel. 031 963 66 68

Gärtnerei Stiftung Kartause
Ittingen
8532 Warth
Tel. 052 748 44 11

Frei Weinlandstauden AG
Breitestrasse 5
8465 Rudolfingen ZH
Tel. 052 319 12 30

Brigitte Speck

ist freie Gesundheitsberaterin AAMI, mit Schwerpunkt Ernährungsberatung. Sie bietet persönliche Beratungen, Kochkurse und Vorträge an zu den Themen Süßspeisen mit Stevia, Ernährungsumstellung bei ADS (Aufmerksamkeits-Defizit-Syndrom mit oder ohne Hyperaktivität), Allergien, Diabetes Mellitus und Kinderernährung an. Sie ist Autorin von Koch- und Ernährungsbüchern. www.ernaehrungsberatungspeck.ch

Der Verein Pro Stevia Schweiz

hat das Patronat dieses Kochbuchs übernommen. Er setzt sich für die Zulassung und Förderung von Stevia als gesundem Süßungsmittel ein. Pro Stevia Schweiz stellt gerne weitere Informationen zur Verfügung. Auf der Webseite finden Sie unter anderem aktuelle Adressen für Bezugsquellen von Steviapflanzen.

Pro Stevia Schweiz | Postfach | CH-3000 Bern 23 | www.stevia.ch